L. HOUBLAIN
*Institutrice chargée de
classe d'application*

R. VINCENT
*Inspecteur de l'Enseignement
Primaire*

daniel
et
valérie

MÉTHODE MIXTE DE LECTURE

deuxième livret

Illustrations de Nina Morel

TABLE DES MATIÈRES

© Librairie Fernand Nathan, 9, rue Méchain, 75014 Paris - 1964 - Paris
ISBN 2-09-125642-0

préface

Nous retrouvons, dans ce second livret, la méthode et les procédés utilisés dans le premier.

Après la construction et l'étude du texte global de départ nous isolons les mots qui contiennent le nouveau son à étudier. Nous proposons de faire trouver et lire d'autres mots contenant ce même son, puis des phrases qui précisent le sens du mot étudié et permettent de consolider les acquisitions.

Nous suivons la même progression rigoureuse et nos élèves retrouveront, avec plaisir, leurs jeunes amis ; Daniel et Valérie.

Ils connaissent bien ces deux enfants ; ils ont vécu, avec eux, leurs petites aventures à la campagne, près de la ferme des parents; au bord de la rivière, à la lisière de la forêt, en compagnie d'animaux devenus familiers.

Maintenant, ils vont suivre Daniel et Valérie qui accompagnent leur maman à la ville voisine.

Nos jeunes lecteurs prendront, nous l'espérons, le même intérêt aux nouvelles aventures du petit garçon et de sa sœur. Ils liront avec joie ces textes volontairement simples mais évocateurs et toujours bien adaptés.

Nous pensons d'autre part que la richesse, le goût et l'humour des illustrations seront de nature à flatter leur imagination et à développer leur goût artistique.

Nous souhaitons à nouveau que cette nouvelle méthode permette d'alléger la lourde tâche des institutrices des écoles maternelles et des maîtresses et maîtres des cours préparatoires en leur donnant un instrument de travail aussi commode qu'efficace.

les auteurs

33 | Le car conduit Daniel à la ville

le car conduit daniel à la ville.

car ar - ferme fer er

ar un car - un bar - une marche - un canard - un renard - un retard.

or une porte - une corne - une tortue - il sort - il dort - il mord - il a tort.

ir le tir - venir - partir - dormir - ouvrir

ur le mur - sur - pur - dur.

er la ferme - un ver - la mer - mercredi.

1. Maman sort de la ferme avec Daniel et Valérie. Un car va les conduire à la ville. Le car arrive. Il s'arrête près d'un mur.

2. Monte, Valérie, monte, Daniel, dit maman. La porte se ferme. Un coup de corne écarte des canards qui traversent la rue, à la vitesse des tortues. Puis la voiture part.

3. Valérie ne tarde pas à dormir. Daniel regarde le bord de la route. Il compte les arbres. Le car s'arrête à un carrefour.

4. Sur une borne, Daniel lit : Priorité à droite. Un camion vert passe. Le car repart et Daniel, heureux, aperçoit le marché de la ville qui a lieu tous les mercredis.

DICTÉE : *la porte se ferme. un coup de corne écarte des canards. daniel regarde le bord de la route.*

dictée de mots : voir fiche 33 bis du Fichier « LIRE ET PARLER »

34 Le chauffeur s'arrête sur la place

le chauffeur s'arrête sur la place.

chauffeur   feur   feur   eur

eur   la peur - une fleur - un coureur - la
chaleur - le semeur - un tricheur.

our   la cour - le jour - un four - la tour
pour - un ours - un pas lourd.

oir   le soir - noir - un lavoir - un
mouchoir - un arrosoir.

1. Près du marché, il y a une place bordée d'arbres énormes et de fleurs de toutes les couleurs. Le chauffeur du car s'y arrête, près du trottoir.

2. Daniel est ravi. Il découvre, de là, une partie de la ville, et, à côté de la place, la foire du mercredi.

3. Des personnes crient, des bêtes courent autour de l'abreuvoir. La chaleur est lourde. Daniel tire un mouchoir de sa poche et essuie la sueur qui coule sur son front.

4. Des coureurs, montés sur leur vélo, vont partir pour une course autour de la ville. Daniel a peur de ne pouvoir les voir, car, hélas ! maman l'appelle.

DICTÉE : *le chauffeur arrête le car près du trottoir. c'est le jour du marché.*

*dictée de mots : voir fiche 34 bis du
  Fichier « LIRE ET PARLER »*

maman va à la poste.

poste   pos   os

os   la poste - un costume - un os.

as   un as - hélas - une cascade - une bascule.

us   juste - un lustre - je déguste - Lustucru.

is   une vis - un fils - un lis - un iris.

es   la veste - le reste - le vestibule - je respire.

ous il me bouscule - un moustique.

1. Allons à la poste, dit maman. Elle se trouve juste à côté du marché. Hélas! s'écrie Daniel qui regrette de ne pas voir la course. Maman le tire par sa veste. Elle a peur de perdre son fils.

2. Les voici tous les trois dans le vestibule de la poste. Ils arrivent dans une vaste salle où la foule se presse : « Quelle bousculade ! »

3. Valérie admire le joli lustre qui est au milieu du plafond. Maman s'adresse à un homme en costume bleu marine : avec un télégramme, papa sera rassuré.

4. C'est fini ! Valérie a déjà disparu vers la sortie. Daniel la suit. Ouf! Dans la rue, on respire mieux !

DICTÉE : *la poste se trouve juste à côté du marché. maman tire son fils par sa veste.*

dictée de mots : voir fiche 35 bis du Fichier « LIRE ET PARLER »

36 Valérie porte le sac de maman

valérie porte le sac de maman

sac   sac   -   ac

ac le sac - le lac - le caractère - un parc.
oc un roc - un choc - un bloc - octobre.
ic du mastic - un porc-épic - tic-tac.
uc ec un bec - sec - avec - l'ami Luc.

1. Maman sort de la poste avec son fils. Valérie marche seule à côté. Elle est fière. Elle porte le joli sac, couleur mastic, de sa mère.

2. La rue de la poste conduit au parc. Daniel court et arrive au bord du lac. Il taquine les canards avec un bâton. Valérie le suit.

3. Elle trébuche sur un bloc de pierre. Le choc est rude, et, ploc ! Voilà le sac mastic dans le lac. Il coule à pic !

4. Maman se fâche, Valérie pleure et Daniel se moque de sa sœur. Quel caractère ! lui dit sa mère.

5. Le garde a tout vu. Il retire ses gros sabots et repêche le sac qui est vite sec. Maman pardonne et Valérie sèche ses yeux.

DICTÉE : *le joli sac couleur mastic tombe dans le lac. il coule à pic.*

dictée de mots : voir fiche 36 bis du Fichier « LIRE ET PARLER »

37   Michel joue au bord du canal

michel joue au bord du canal.

canal   nal   al   -   Michel   chel   el

al   le mal - un bal - un journal - un animal.

ol il   le sol - un bol - un fil - le mois d'avril.

ul   la culbute - la culture - le calcul.

eul   il est seul.

el   du sel - du miel - un caramel - Michel.

1. Du lac part un canal. Daniel suit le bord et retrouve un petit camarade qui joue sur la rive : c'est Michel. Il porte une coiffure d'amiral et tire un petit navire, attaché au bout d'un fil.

2. Un monsieur est assis dans l'herbe. Il se repose et lit son journal. Tout est calme.

3. Un caniche noir fait des culbutes sur le sol. Le joli petit animal s'approche de Valérie qui a peur. — Mon caniche est très doux. Il ne te fera pas de mal, dit le monsieur.

4. A l'appel de maman, le frère et la sœur arrivent, et le petit Michel reste seul au bord du canal.

DICTÉE : le joli petit animal fait la culbute sur le sol. michel tire un petit navire attaché à un fil.

dictée de mots : voir fiche 37 bis du Fichier « LIRE ET PARLER »

38 Le saule se reflète dans l'eau

le saule se reflète dans l'eau.

saule sau au — l'eau eau

au   jaune - mauve - un saule - une aubépine
autre - aussi - une faute - une épaule
des chevaux - un fauve.

eau   le ruisseau - le sureau - un troupeau
un veau - un taureau - un moineau
un gâteau - un tableau.

1. La promenade continue au bord du lac. Daniel s'amuse à regarder les bateaux qui glissent au fil de l'eau.

2. Valérie cherche le nom des arbustes qui poussent sur la rive. Voici une aubépine, un sureau. Les rameaux souples du saule se reflètent dans l'eau.

3. Tout à coup, un troupeau de veaux barre la route aux automobiles. Le fermier ramène un taureau. Il serre la corde pour que l'animal ne se sauve pas.

4. De retour sur la place, Valérie admire un beau chapeau jaune, à la vitrine d'un monoprix.
   — Le veux-tu ? dit maman.
   — Oh ! oui ! répond Valérie heureuse.

DICTÉE : *le saule se reflète dans l'eau. un bateau jaune glisse au fil de l'eau.*

dictée de mots : voir fiche 38 bis du Fichier « LIRE ET PARLER »

39 En route pour le jardin public

en route pour le jardin public.

jardin   din   in   -   impoli   im

in   un ravin - un chemin - un pin - un sapin - le moulin - un gamin - un lapin.

im   limpide - impoli - imprudent.

ym   du thym.

———

1. Valérie a mis son nouveau chapeau jaune. Elle est fière. — Dis, maman ? Si nous allions au jardin public, supplie Daniel.

2. On y arrive par un chemin creux, bordé de pins et de sapins. Le jardin se trouve près d'un ravin, où s'écoule l'eau limpide du petit lac. Le vieux moulin ne tourne plus. Il sert d'abri aux lapins qui broutent, tout autour, le thym et le romarin.

3. Un gamin bouscule maman. Il chasse des dindes et des dindons vers un bassin. C'est imprudent car il risque de tomber à l'eau.

4. Un pinson, un brin d'herbe au bec, vole dans les arbres qui entourent le joli moulin.

DICTÉE : le jardin se trouve près d'un ravin . un moulin sert d'abri à des lapins .

dictée de mots : voir fiche 39 bis du Fichier « LIRE ET PARLER »

40 Maman déjeune au restaurant

maman déjeune au restaurant.

ma**man**   **man**
                          an
restau**rant**   **rant**

an   la santé - un gourmand - la danse - le
chant - un ruban - un écran - grand -
blanc - dans - je chante.

am   le jambon - la campagne - la lampe -
un champ - la rampe - un tambour.

1. Midi sonne ! C'est l'heure du restaurant. Daniel, qui est en bonne santé et un peu gourmand, fait un pas de danse en chantant.

2. Maman choisit une table, près de la fenêtre. Valérie pose son manteau et ses gants sur un banc. Daniel suit en taquinant sa sœur.

3. La servante apporte d'abord du pâté de campagne et du jambon, puis un rôti fumant avec des pommes de terre frites. Le repas se termine par un gâteau aux amandes et des mandarines.

4. Que c'est amusant de déjeuner au restaurant ! disent les deux enfants. Peu après, Daniel a déjà des crampes dans les jambes. Il veut sortir voir les devantures. Hélas ! au dehors, un ouragan se prépare.

DICTÉE : *la servante pose sur la table du jambon, un rôti fumant et des mandarines.*

dictée de mots : voir fiche 40 bis du Fichier « LIRE ET PARLER »

41 Le vent souffle en tempête

le vent souffle en tempête.

vent   veň   en   —   tempête   tem   em

en   un enfant - vendredi - une dent - une pendule - il entend - il vend - il pense il attend - il sent - de l'encre.

em   le temps - le printemps - la tempête il semble - il emporte - il trempe - il embrasse - il tremble.

1. Le vent souffle en tempête. Il empêche pour le moment les enfants de sortir, et pourtant, ils en ont grande envie.

2. Les contrevents claquent. On entend le vent qui siffle en traversant les branches des arbres. Il est prudent d'être à l'abri.

3. Un passant court après son chapeau qui s'est envolé. Un autre est emmitouflé dans ses vêtements. Une maman serre solidement le bras de son enfant. Une pauvre femme marche péniblement. Elle avance lentement.

4. Quel temps perdu ! pense Daniel.
La tempête se calme enfin.
— « Nous allons sortir dans un moment. Je vous complimente de votre tenue. Une récompense vous attend », dit la mère à ses deux enfants.

DICTÉE : *c'est la tempête. le vent empêche les enfants de sortir. il est prudent d'être à l'abri.*

dictée de mots : voir fiche 41 bis du Fichier « LIRE ET PARLER »

42 Sur la place, un cèdre a été déraciné

sur la place, un cèdre a été déraciné.

place ce - cèdre cè - déraciné ci

ce   la glace - le pouce - une cerise - la France - une trace - le silence.

cé   glacé - placé - la céramique - le cèdre.

cen   la cendre - un centime - décembre

ci   le cinéma - le ciel - une racine - une cigale - du cidre.

cin   le médecin - un cintre - des cymbales.

ç   une leçon - il a reçu - la façade.

_____

1. Voici nos amis de nouveau dans la rue. Allons vite sur la place, demande Daniel. Le cirque est peut-être arrivé.

2. Hélas ! la tempête a fait des dégâts. Le beau cèdre bleu a été déraciné par le vent. Il ne s'élance plus vers le ciel. Pauvre cèdre ! En tombant il a démoli la façade du cinéma.

3. Un passant a reçu sur l'épaule une branche cassée. Il a fallu appeler un médecin.

4. En apercevant la tente verte du cirque, Daniel saute de joie. Il se précipite à l'entrée. Un clown fait de la réclame pour la séance de l'après-midi. Cinq petits garçons rient de ses grimaces.

DICTÉE : *le cirque est arrivé sur la place. le cèdre a démoli la façade du cinéma.*

dictée de mots : voir fiche 42 bis du Fichier « LIRE ET PARLER »

43 Un géant, au visage rougi, parade

un géant, au visage rougi, parade.

géant gé - rougi gi - visage ge

ge	une page - une luge - un garage - le genou - je bouge - je range - je nage.
gé	un géant - une rangée - changé - rongé.
gi	une bougie - une gifle - il est agité.
gy	la gymnastique.
geo gea	la rougeole - une orangeade.

geon geoi   un plongeon - un bougeoir.
gen geu   les gens - un agent - courageux.

---

1. Un clown géant fait la parade devant le cirque. Il est grimpé sur une estrade. Son visage a été rougi avec de la pommade. On dirait qu'il a la rougeole. Le clown s'agite comme un renard pris au piège. Il tape sur un tambour pour rassembler les gens.

2. — Approchez, Mesdames et Messieurs.
   — Approchez, mes petits enfants.
   — Venez tous visiter notre ménagerie.
   Daniel aperçoit les cages où sont logés la girafe géante et le lion rugissant.

3. Une horloge sonne deux heures.
   — Vous avez été gentils, dit maman, allons au cirque. La famille se dirige vers une entrée, gardée par un agent de police.

DICTÉE : *dans une cage, daniel voit une girafe géante. l'horloge sonne un coup.*

dictée de mots : voir fiche 43 bis du Fichier « LIRE ET PARLER »

44 Un clown monte au mât de cocagne

un clown monte au mât de cocagne.

coca**gne**   **gne**   **gn**

la vigne - un signe - un signal - une campagne - il grogne - il se cogne - il a cogné - il se soigne - un chignon - un champignon - une baignoire.

———

1. Des bancs sont alignés autour de la piste. Maman s'avance et se place à côté d'une

dame qui porte un gros chignon. Daniel se cogne un peu et s'assoit à son tour. Il fait signe à sa sœur de venir à côté de lui.

2. Au signal, un clown entre en piste. Il porte une tignasse rousse qui tombe sur ses épaules. Il regarde la foule à travers des lorgnons énormes. Un petit champignon pousse sur sa tête.

3. Tout le monde éclate de rire. Il ne parle pas, il grogne. Qu'il est drôle !
Il s'approche du mât de cocagne. Il grimpe un peu, puis tombe. Il remonte et tombe encore.

4. Enfin ! il s'élance et grimpe jusqu'en haut à toute vitesse. Il a gagné. Daniel trépigne de joie et applaudit de toutes ses forces.

DICTÉE : *les bancs sont alignés autour de la piste. daniel se cogne. il fait signe à sa sœur.*

dictée de mots : voir fiche 44 bis du Fichier « LIRE ET PARLER »

45 Un nain fait rire les enfants

un nain fait rire les enfants.

nain   nain   ain

ain   la main - un train - du pain - Alain.
aim   le petit daim a faim.
ein   la peinture - une ceinture - les freins.
un   lundi - quelqu'un - chacun - brun.
um   le parfum. *(Attention à la prononciation différente de ce son)*

1. Un nain entre maintenant sur la piste. Autour des reins, il porte une ceinture de cuir brun. Il veut atteindre le dos d'un poulain que le clown tire derrière lui.

2. Valérie le plaint. Elle craint que le nain ne tombe, il a de si petites jambes, et le terrain de la piste est si dur. C'est certain, il ne pourra atteindre le dos du poulain.

3. D'une ruade, l'animal se débarrasse du nain. Celui-ci roule sur le tapis et se relève sans une plainte.
   Un autre nain arrive à son tour, et, hop ! il arrive à se mettre à cheval, sans crainte.

4. Le clown se cache et dirige un jet d'eau sur le nain. Quel bain ! Valérie est fâchée. Vilain clown ! crie-t-elle, pendant que tout le monde rit et bat des mains.

DICTÉE : *un nain grimpe sur le dos du poulain. il tombe sans une plainte.*

dictée de mots : voir fiche 45 bis du Fichier « LIRE ET PARLER »

46 Un acrobate grimpe au trapèze

un acrobate grimpe au trapèze.

trapè**ze** **ze** **ze** **z**

le gaz - le gazon - une gazelle - zéro - onze
douze - un zèbre - un zébu - un chimpanzé
un zouave - des zigzags - c'est bizarre.

---

1. La foule rit encore des farces du clown.
Tout à coup les lumières s'éteignent. La
piste est toute noire. Une lampe s'allume

au plafond du cirque. On aperçoit alors un acrobate qui grimpe sur le trapèze.

2. Il se balance onze fois, douze fois, et.. hop ! il se lance dans le vide. Valérie a très peur. Elle pousse un cri. Ouf ! L'acrobate ne tombe pas. Il reste suspendu par les jambes, et le trapèze continue son balancement.

3. A ce moment les lampes se rallument. Des animaux bizarres arrivent sur la piste. Daniel les a déjà vus sur son livre d'images :

4. Voici le zèbre avec ses raies noires et blanches, le zébu et sa bosse sur le cou. Une famille de singes appelés chimpanzés ferme la marche en traversant la piste en zigzags.

DICTÉE : sur le trapèze un acrobate se balance onze fois douze fois. le zèbre arrive sur la piste.

dictée de mots : voir fiche 46 bis du Fichier « LIRE ET PARLER »

47 Un kangourou entre dans le cirque

un kangourou entre dans le cirque.

kangourou	kan	kan	k	-	cirque	que

k un képi - kaki - la polka - un kilo.

que une marque - une attaque - une coque - la queue.

qui qui est-ce qui ? - elle quitte - taquine.

––––––––

1. Quand le kangourou arrive sur la piste, Valérie claque des mains. Elle trouve cet

animal très curieux. Elle en a déjà vu un, à la kermesse du village.

2. Quel animal bizarre ! Il a une poche sous le ventre. Sa tête ressemble à celle d'un âne. Ses pattes de devant sont très courtes. Ses pattes de derrière sont fortes et lui servent à sauter. Sa queue est longue et épaisse.

3. Celui-ci porte une veste kaki et un képi sur la tête. Il tape sur un tambour et danse une polka.

4. Un petit singe, qui n'a pas encore quitté la piste, se met en équilibre sur un banc et imite la danse. Tout le monde rit.

DICTÉE : le kangourou a une veste kaki et un képi sur la tête. il danse la polka.

dictée de mots : voir fiche 47 bis du Fichier « LIRE ET PARLER »

48 Au magasin, maman choisit une chemise

au magasin,

maman choisit une chemise.

entre 2 voyelles (a - e - i - o - u - y) S = Z

une chose - une case - une crise - je m'amuse - la voisine - le visage - cela résonne - usé - croisé - un oiseau - un magasin - un rasoir.

(Attention) : un pinson - une averse - un oursin.

w : un wagon.

1. En sortant du cirque, maman entre dans un grand magasin, voisin de l'église. On y entend une musique douce.

2. Maman se dirige vers des casiers où sont empilées des chemises. Elle veut choisir des chemises chaudes pour l'hiver. Papa n'a plus que des chemises reprisées et usées. Il lui en faut une belle pour les visites et pour le dimanche. Une vendeuse présente plusieurs modèles.

3. Que de jolies choses dans ce magasin ! La curiosité pousse les enfants dans une salle voisine. Des jouets sont posés sur des tables. Daniel s'amuse à les regarder.

4. Une locomotive grise tire des wagons roses, un wagon-lit et un wagon-restaurant. L'enfant en a envie, mais il n'ose pas le dire.

DICTÉE : au magasin, maman choisit une chemise grise. la vendeuse présente les modèles.

dictée de mots : voir fiche 48 bis du Fichier « LIRE ET PARLER »

49 Valérie achète de la laine beige

valérie achète de la laine beige.

laine lai lai ai - beige bei bei ei

ai   la laine - une chaise - la craie - un
quai - je vais - je fais - je sais - je
me tais.

ei   la reine - la peine - la neige - une
baleine.

air   de l'air - un éclair - un nombre pair.

1. Valérie veut faire du tricot. Elle entraîne sa mère dans une autre salle où sont alignées des pelotes de laine de toutes les couleurs.

2. Elle choisit de la grosse laine beige. Elle pourra se faire une veste épaisse et chaude. Valérie est pleine de bonne volonté. Elle sait que l'on n'a rien sans peine.

3. Je t'aiderai, dit maman, qui trouve ce tricot long et difficile, pour une si petite fille. Nous commencerons la semaine prochaine.

4. Valérie est coquette. Elle voudrait maintenant un peigne et des rubans pour ses cheveux. Elle achète un joli ruban bleu clair. Elle sort du magasin fière comme une reine.

DICTÉE : *valérie achète de la laine beige. elle veut faire du tricot.*

dictée de mots : voir fiche 49 bis du Fichier « LIRE ET PARLER »

50 Allons goûter chez le pâtissier

allons goûter chez le pâtissier.

é er	le dîner - le boucher - manger - croquer.
ier	le jardinier - un panier - un fraisier.
ez iez	le nez - chez - vous sautiez.
ied	le pied.
ê es	tu es - les - des - mes - tes - ses - ces.
et	*(fin de mots)* - un poulet - un paquet - un béret - un jouet - un bouquet.

1. Il est plus de quatre heures. Allons goûter chez le pâtissier, dit maman. La vitrine du pâtissier se trouve entre la boutique du boucher et celle du cordonnier. Une bonne odeur de gâteaux attire les petits gourmands.

2. Quel beau métier ! pense Daniel. J'aimerais bien être pâtissier. De joie, Valérie saute à cloche-pied et se cogne le nez sur la porte.

3. Regardez, mes enfants, dit la mère. Choisissez ce que vous voulez avant d'entrer. Daniel est embarrassé. Il ne peut pas se décider. Il aime autant les éclairs au chocolat que la tarte aux fraises.

4. Maman pense qu'elle fera mettre dans son panier un gâteau aux amandes pour papa.

DICTÉE : *la vitrine du pâtissier se trouve entre la boutique du boucher et celle du cordonnier.*

dictée de mots : voir fiche 50 bis du Fichier « LIRE ET PARLER »

51 Valérie mange une tartelette

valérie mange une tartelette.

ette	une miette - une galette - des lunettes.
erre	un verre - la terre - une pierre -
esse	une caresse - la vitesse - une adresse - la sagesse - la paresse - une tresse.
elle	une pelle - une selle - une marelle - une ficelle - une gamelle - belle.
enne	le renne - les étrennes - un lapin de garenne.

1. Derrière la vitrine de verre, les gâteaux sont alignés. La pâtissière donne à Daniel une petite assiette et une fourchette. Avec sa pelle à tarte, elle prend un éclair au chocolat. Elle le dépose dans l'assiette avec adresse.

2. L'enfant est bien embarrassé. Il n'arrive pas à couper son gâteau. La fourchette glisse sur l'assiette et maman rattrape l'éclair au vol. Daniel finit de manger avec ses doigts. C'est beaucoup plus facile !

3. Valérie a choisi une tartelette. Elle la déguste sans faire tomber une seule miette à terre. Maman a préféré une galette à la noisette.

4. Pendant que la marchande lui rend sa monnaie, Daniel caresse un petit chat noir qui a grimpé sur le comptoir.

DICTÉE : *valérie déguste une galette sans en faire tomber une miette à terre.*

dictée de mots : voir fiche 51 bis du Fichier « LIRE ET PARLER »

52 La fillette tombe sur un caillou

la fillette tombe sur un caillou.

un ca**illou** **illou** **illou** **ill**

ill une f**ill**e - une b**ill**e - une gr**ill**e - la van**ill**e - un m**aill**ot - la bou**ill**ie - un coqu**ill**age - un c**aill**ou - un pap**ill**on - un gr**ill**on - un œ**ill**et.

———

1. La fillette et le garçonnet sortent, heureux, de la pâtisserie. Il est tard maintenant. Le car du retour se trouve près de la grille du jardin public. En attendant l'heure du départ, la famille entre dans le parc.

2. Dans une allée, une petite fille joue aux quilles. Deux garçonnets se disputent une jolie bille bleue. Sur la pelouse, des abeilles voltigent autour des fleurs. Un oiseau sautille sur une branche, en gazouillant doucement. Un grillon chante dans l'herbe. Des grenouilles dorment au bord de l'étang.

3. Valérie veut attraper un papillon aux ailes brillantes. Elle le suit en sautillant. Hélas ! elle ne regarde pas à ses pieds. Elle glisse sur un caillou, caché sous des feuilles. Elle tombe lourdement sur le sol dur.

DICTÉE : *une petite fille joue avec des quilles. un oiseau sautille. il gazouille.*

dictée de mots : voir fiche 52 bis du Fichier « LIRE ET PARLER »

53 Un silex a blessé Valérie

un silex a blessé valérie.

x = cs	un taxi - la boxe - un axe - fixer.
ex = ecs	une excuse - exprès - expliquer.
ex = egs	un exemple - un exercice - c'est exact - il examine.
x = s	six - dix.
x = z	deuxième - dixième.

1. Valérie a glissé sur un caillou. C'est une pierre coupante qu'on appelle un silex. Son genou saigne, elle pleure. Maman la relève et la console. Elle examine la blessure et la nettoie avec un mouchoir propre.

2. — Je ne l'ai pas fait exprès, dit la fillette, un peu vexée. Excuse-moi, maman.

   — Tu exagères de pleurer pour si peu, remarque Daniel, qui ne manque pas une occasion de taquiner sa sœur.

   — Ce sont ces vilaines feuilles, qui ont caché le silex, explique Valérie.

3. — Ce n'est pas grave, ajoute maman en riant. Nous n'aurons pas besoin d'appeler un taxi pour te ramener à la maison.

DICTÉE : *valérie a glissé sur un silex maman examine la coupure.*

dictée de mots : voir fiche 53 bis du Fichier « LIRE ET PARLER »

54 Entrons dans une pharmacie

entrons dans une pharmacie.

pharmacie   phar   phar   ph

ph = f   un phare - la pharmacienne - le
raphia - le téléphone - un éléphant -
un phoque - un phénomène - un
électrophone.

————

1. Le genou de Valérie saigne beaucoup.
Maman trouve plus prudent de la conduire

dans une pharmacie. Il y en a justement une devant la grille du parc.

2. La pharmacienne est occupée au téléphone mais elle arrive assez vite. Elle examine à son tour le genou blessé. Elle lave la coupure avec de l'alcool et met un pansement. Valérie fait la grimace, mais ne pleure plus.

3. Pour la distraire, maman l'emmène devant la vitrine d'un photographe qui se trouve à côté. On y voit beaucoup de photographies d'enfants et de mariés.

4. On voit aussi une fillette blonde, photographiée à côté de Sophie, la maman phoque du cirque. Daniel regrette de ne pas avoir été photographié sur le dos de l'éléphant.

DICTÉE : *à la devanture du photographe les enfants voient un phoque et un éléphant.*

dictée de mots : voir fiche 54 bis du Fichier « LIRE ET PARLER »

55 Un aveugle joue de la guitare

un aveugle joue de la guitare.

guitare   gui

gui   un guide - du gui - le guignol.
gue   une bague - une marguerite - la gueule.
gué   fatigué - guérir - une guêpe.

1. Tout à coup, on entend de la musique.
   C'est un aveugle qui joue de la guitare.

Le pauvre homme a l'air malheureux et fatigué. Un bouledogue est couché près de lui. Il lui sert de guide.

2. L'animal ouvre une gueule énorme et sa langue rose pend sur ses babines. Il surveille une boîte en fer blanc dans laquelle les passants jettent des pièces de monnaie. Valérie et Daniel n'ont pas peur. Ils s'approchent du joueur de guitare et lui donnent chacun cinquante centimes.

3. Une bonne odeur de muguet attire ensuite les enfants. La fleuriste a installé sur un guéridon des bottes de marguerites et les clochettes parfumées. Hélas ! des guêpes bourdonnent autour des fleurs.

DICTÉE : un aveugle joue de la guitare. le bouledogue lui sert de guide.

dictée de mots : voir fiche 55 bis du Fichier « LIRE ET PARLER »

56 Le soleil brille, Daniel ôte son chandail.

le soleil brille,

daniel ôte son chandail.

chandail dail ail - soleil leil eil

ail   le travail - un éventail - de l'émail.
eil   le soleil - le réveil - un vieil appareil.
euil œil un écureuil - un fauteuil - un œil.
ueil   je cueille - la cueillette - de l'orgueil.

1. L'heure du départ approche. La petite famille se dirige vers le car. Après la tempête de midi, le ciel est resté gris.

   Un coup de vent chasse les nuages et le soleil brille de nouveau. Il fait même très chaud.

2. Daniel retire son chandail et le met sur le bras. Le soleil taquine Valérie et l'oblige à fermer un œil. Maman lui donne un bon conseil : mets tes lunettes noires. Elle-même ouvre son éventail.

3. Un écureuil apparaît dans le feuillage d'un chêne, au bord du jardin public. Maman sort vite un vieil appareil photographique, mais l'animal a déjà disparu.

4. En voiture ! crie le conducteur du car. La famille s'installe dans les fauteuils rembourrés.

DICTÉE : *le soleil brille de nouveau. maman ouvre son éventail. un écureuil joue dans les feuilles.*

dictée de mots : voir fiche 56 bis du Fichier « LIRE ET PARLER »

57 Attention ! Voici le camp d'aviation

attention !
voici le camp d'aviation.

tion   l'aviation - une habitation - attention
une opération - la récréation - une
invention - une répétition.

tie   une acrobatie - la patience.

Attention : le son t demeure dans : une question.

_____

1. Le car a quitté la ville. Daniel s'est placé près de la glace. Il écoute le chauffeur qui donne des explications : attention ! Voici le camp d'aviation.

2. L'enfant regarde des avions à réaction alignés sur le sol. Quelle belle collection ! Valérie est aussi en admiration. Dans le ciel, un avion plus petit fait des acrobaties au-dessus du terrain. L'appareil se retourne. Le pilote vole la tête en bas. La fillette a une petite émotion qui ne dure pas car l'appareil se redresse et continue son vol.

3. Il faut beaucoup de patience pour apprendre le métier de pilote. Daniel a de l'ambition. Il admire les aviateurs. Il en parle souvent avec ses camarades pendant les récréations, à l'école. Il ne sait plus s'il choisira le métier de pâtissier ou celui de pilote.

DICTÉE : *daniel admire les avions à réaction. il en parle à ses camarades pendant les récréations.*

dictée de mots : voir fiche 57 bis du Fichier « LIRE ET PARLER »

58 Une odeur de foin parfume le car

une odeur de foin parfume le car.

oin du foin - un coin - une pointe - moins
au loin - le lointain - le soin - les
pieds joints - un bon point.

ouin un pingouin.

———————

1. Le car est déjà loin de la ville. Même
dans le lointain on n'aperçoit plus son
clocher. Par la vitre ouverte Valérie
respire la bonne odeur du foin.

2. Dans les prés, des travailleurs retournent l'herbe coupée pour la faire sécher. Elle servira de nourriture aux animaux de la ferme pendant l'hiver. Avec les pointes de sa fourche, le faneur soulève les bottes de trèfle ou de sainfoin. Il les lance dans une charrette. Un autre faneur, perché dans la voiture, aligne les bottes avec soin.

3. Le fermier les rejoint pour les aider. Nous avons besoin d'aller vite, dit-il. J'ai vu un éclair au loin. Il faut rentrer le foin avant l'orage. Les enfants aimeraient jouer dans ce coin tranquille mais le car est déjà reparti.

DICTÉE : *le car est déjà loin . on respire une bonne odeur de foin*

dictée de mots : voir fiche 58 bis du Fichier « LIRE ET PARLER »

59 La chorale des lycéens nous accompagne

la chorale des lycéens

nous accompagne.

ch = k	un orchestre - une chorale Christine - Christian.
um = omme	un album - l'aluminium - du rhum - un géranium.
en = in	un lycéen - un examen.

1. La chorale des lycéens de la ville occupe l'arrière du car. Daniel les a vus grimper dans la voiture avec leur petit orchestre. Il a reconnu au passage l'accordéon, la clarinette et le saxophone. Il avait déjà remarqué ces instruments de musique sur un album d'images.

2. De temps en temps, la chorale répète un chœur à deux voix. Le chant commence par une partie de voix aiguës. Des voix graves répondent en écho.

3. Les lycéens s'appliquent car ils vont passer un examen de musique dans une autre ville. S'ils gagnent le maximum de points, ils seront les champions de la région. En attendant ils amusent tous les gens du car.

DICTÉE : *la chorale des lycéens de la ville est dans le car. un petit orchestre l'accompagne.*

dictée de mots : voir fiche 59 bis du Fichier « LIRE ET PARLER »

joyeux retour au pays.

ay = ai i	un pays - un paysage - un rayon payer - bégayer - rayer - délayer.
oy = oi i	un voyage - un noyer - un employé - joyeux - soyeux - un moyen.
ey = ei i	asseyez-vous.
uy = ui i	ennuyer - appuyer - essuyer.

---

1. Le voyage de retour a paru court aux enfants. C'est à peine s'ils ont eu le temps de regarder le paysage. Ils ne se sont pas du tout ennuyés.

2. Au début, le bruit de la chorale a un peu effrayé les voyageurs. L'employé qui accompagne le chauffeur a même essayé de les faire taire. Les lycéens étaient si drôles, que bientôt, tout le monde les a applaudis.

3. Le car s'arrête enfin sur la place du village. Des paysans en descendent, sans oublier de payer le prix de leur passage. Un rayon de soleil égaye leur arrivée. Valérie et Daniel aperçoivent le toit de leur ferme. Le voyage se termine joyeusement.

DICTÉE : *le voyage de retour a été joyeux. un rayon de soleil a égayé l'arrivée.*

dictée de mots : voir fiche 60 bis du Fichier « LIRE ET PARLER »

61 Viens vite, Bobi, mon bon chien

viens vite, bobi, mon bon chien.

viens

chien   ien

ien   un chien - un bohémien - un indien
un pharmacien - un gardien -
un mécanicien - il vient - il tient -
rien - bien.

———————

Le chien Bobi a entendu le car. Il se met à aboyer furieusement. Avec un gardien comme lui, les voleurs ne sont pas à craindre.

Le fermier ouvre la grille et Bobi se précipite vers les siens. Papa vient au-devant de sa petite famille. Tout le monde s'embrasse. Le chien est si heureux de revoir ses petits amis qu'il saute sur eux et les bouscule.

— Petit vaurien ! crie papa, tu vas les faire tomber ! Maman se demande combien de paquets elle a rapportés de la ville.

— J'espère que nous n'avons rien oublié dans le car, ajoute-t-elle. Les enfants sont contents de retrouver la cour de la ferme. Un mouton broute dans un coin. — C'est le mien, crie Daniel. — Non, ce n'est pas le tien, c'est le mien, réplique Valérie. Je le reconnais bien. Allons ! Allons ! dit papa. — Soyez sages pour que cette belle journée se termine bien.

DICTÉE : le chien bobi est un bon gardien. il bondit au devant des siens.

dictée de mots : voir fiche 61 bis du Fichier « LIRE ET PARLER »

62 Daniel lit un conte de Noël

daniel lit un conte de noël.

aï = a-i   du maïs - un glaïeul - mon aïeul.
oï = o-i   un égoïste - la fièvre typhoïde.
oël = o-el Noël - Joël.

Quelle joie ! Notre livre de lecture est terminé.
Maintenant, s'écrie Daniel, je pourrai lire
tout seul les belles histoires qui sont cachées
dans les livres. Je connaîtrai les aventures

de l'ogre et du petit Poucet, de l'éléphant Babar et du chat botté. Je pourrai même lire le journal, comme papa, et Tintin, comme mon grand cousin. J'aimerai trouver des livres, dans mon soulier, le matin de Noël.

Valérie est triste. Elle est encore trop jeune pour lire seule, mais Daniel n'est pas égoïste.

— Rassure-toi, petite sœur, chaque soir en rentrant de l'école, je te lirai une belle histoire.

Papa et maman sourient. Ils sont heureux d'avoir des enfants courageux et aimables.

DICTÉE : *quelle joie ! notre livre de lecture est terminé. maintenant je pourrai lire des histoires à ma petite sœur.*

dictée de mots : voir fiche 62 bis du Fichier « LIRE ET PARLER »

A LA MÊME LIBRAIRIE

(Extrait du catalogue pour les cours préparatoires)

« DANIEL ET VALÉRIE »
— **Méthode mixte de lecture**   *L. HOUBLAIN - R. VINCENT*
Premier livret
Deuxième livret

Matériel complet d'accompagnement :

— **Cahiers d'écriture**   *L. HOUBLAIN - R. VINCENT*
Premier livret
Deuxième livret

— **Cahiers d'exercices**
Premier cahier (correspondant au premier livret)
Deuxième cahier
Troisième cahier } correspondant au deuxième livret

— **Matériel individuel de lecture L 78**
(phrases et mots clés du 1ᵉʳ livret)

— **Matériel collectif de lecture L 83**
(phrases-clés, grand format, correspondant au premier livret)

— **Matériel collectif « Puzzle-tableau Daniel et Valérie » L 87**

— **Matériel collectif « Affiches de lecture » L 88**
(32 affichettes « consonnes » — 32 affichettes « voyelles »
— 64 affichettes « mot-clé » — 1 notice pédagogique)

— **Jeu de lecture et d'expression L 84**

— **Timbres caoutchouc**
1ʳᵉ série V-92 (28 timbres correspondant au premier livret)
2ᵉ série V-93 (23 timbres correspondant au deuxième livret)

— **Tableaux de lecture, d'élocution et de vocabulaire**
1ʳᵉ série (12 tableaux) correspondant au 1ᵉʳ livret
2ᵉ série (12 tableaux) correspondant au 2ᵉ livret

— **Fichier du Maître « Lire et Parler »**   *P. FURCY - L. HOUBLAIN*
128 fiches recto-verso

Pour faire suite à la méthode "Daniel et Valérie"

"Les belles histoires de Daniel et Valérie"
premier livre de lecture courante
cours préparatoire   *L. HOUBLAIN - R. VINCENT*

« ITINÉRAIRE MATHÉMATIQUE »
— **Cours préparatoire**   *M. A. TOUYAROT - M. T. GERMAIN*
Cahier n° 1 : Classements - Rangements. Découverte du nombre
Cahier n° 2 : Opérations. Nombres de zéro à dix.
Cahier n° 3 : Numération. Au-delà de dix.

— **Matériel KML (Mathématique et Logique)**   *M. A. TOUYAROT*
● les ensembles ● les relations ● les nombres
Matériel pour une nouvelle initiation aux mathématiques

Achevé d'imprimer par CLERC S.A. - 18200 Saint-Amand-Montrond
Dépôt légal : Mai 1996 - N° d'éditeur : 10034090 - (XI) - (153) - OSB - T - 80° - N° d'imprimeur : 6231
Imprimé en France